Lira dos cinquent'anos

Manuel Bandeira com os netos de Mme. Blank, Anthony Robert e John Talbot, este último para quem dedicou o poema "Acalanto para John Talbot".

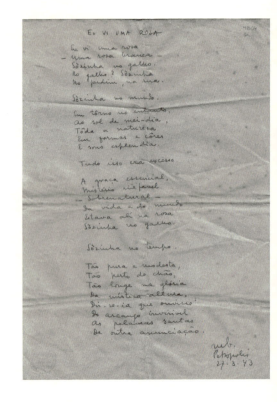

Manuscritos de "Balada do rei das sereias" e "Eu vi uma rosa".

Na sala de seu apartamento, na Avenida Beira-Mar.

Manuel Bandeira

Lira dos cinquent'anos

Apresentação
Ruy Espinheira Filho

Coordenação Editorial
André Seffrin

São Paulo
2013

© Condomínio dos Proprietários dos Direitos
Intelectuais de Manuel Bandeira

Direitos cedidos por Solombra – Agência
Literária (solombra@solombra.org)

1ª Edição, Global Editora, São Paulo 2013

- Jefferson L. Alves
  Diretor Editorial

- Gustavo Henrique Tuna
  Editor Assistente

- André Seffrin
  Coordenação Editorial,
  Estabelecimento de Texto,
  Cronologia e Bibliografia

- Flávio Samuel
  Gerente de Produção

- Julia Passos
  Assistente Editorial

- Flavia Baggio
  Revisão

- Eduardo Okuno
  Projeto Gráfico

Imagens:
Acervo pessoal de Manuel Bandeira, ora em guarda no Arquivo-Museu de Literatura Brasileira/Fundação Casa de Rui Barbosa-RJ.

Todas as iniciativas foram tomadas no sentido de estabelecer-se as suas autorias, o que não foi possível em todos os casos. Caso os autores se manifestem, a editora dispõe-se a creditá-los.

A Global Editora agradece à Solombra – Agência Literária pela gentil cessão dos direitos de imagem de Manuel Bandeira.

CIP BRASIL. Catalogação na fonte
Sindicato Nacional dos Editores de Livros, RJ

B166L

Bandeira, Manuel, 1886-1968
  Lira dos cinquent'anos / Manuel Bandeira ; apresentação Ruy Espinheira Filho ; coordenação editorial André Seffrin. – 1. ed. – São Paulo : Global, 2013.

  ISBN 978-85-260-1953-9

  1. Poesia brasileira. I. Espinheira Filho, Ruy. II. Seffrin, André. III. Título.

13-03904   CDD: 869.91
                                    CDU: 821.134.3(81)-1

Direitos Reservados

**Global Editora e
Distribuidora Ltda.**
Rua Pirapitingui, 111 – Liberdade
CEP 01508-020 – São Paulo – SP
Tel.: (11) 3277-7999 – Fax: (11) 3277-8141
e-mail: global@globaleditora.com.br
www.globaleditora.com.br

*Colabore com a produção científica e cultural.
Proibida a reprodução total ou parcial desta obra sem a autorização do editor.*

Obra atualizada
conforme o
**Novo Acordo
Ortográfico da
Língua
Portuguesa**

Nº de Catálogo: 3619

Lira dos cinquent'anos

Lira dos cinquent'anos: maturidade e juventude

De início, uma coisa curiosa: embora se intitule *Lira dos cinquent'anos*, este livro não foi lançado no cinquentenário do autor. Na ocasião, 1936, amigos fizeram editar, em 201 exemplares, o livro *Homenagem a Manuel Bandeira*, com poemas, estudos e comentários sobre o poeta, feitos por 33 dos mais importantes escritores modernistas. Com papel conseguido por Luís Camilo de Oliveira Neto, foi editado, na imprensa da Biblioteca Nacional, o volume *Estrela da manhã* – apenas 50 exemplares para subscritores, pois o papel acabou não dando para os 57 anunciados. Só em 1944 aparece *Lira dos cinquent'anos*, incluído na terceira edição de *Poesias completas*, edição da Americ-Edit. Enfim, trata-se de livro que não surgiu em volume independente.

Lira dos cinquent'anos é, como o título já diz, e alguns críticos assinalaram, obra da maturidade de Manuel Bandeira. Mas, lendo-se atentamente a sua poesia, do primeiro ao último livro, vê-se que a maturidade está presente desde *A cinza das horas*, de 1917, pois ele estreou aos 31 anos de idade. O que houve, de fato, em sua poesia, não foi propriamente amadurecimento, e sim, através do tempo, conquistas que fariam dele, Bandeira, o primeiro e mais importante poeta brasileiro modernista.

Mestre na técnica da poética tradicional, tornou-se também mestre na escrita do verso livre, recurso que fez naufragar muitas carreiras literárias do seu tempo e continua a fazer o mesmo com autores atuais, que, na verdade, não fazem mais do que atirar linhas irregulares e murchas sobre o papel, dizendo estar fazendo versos livres. Versos que, na verdade, não existem como eles pensam, pois toda arte é rigor; e o verso livre, sem o auxílio de medidas estabelecidas, demanda um domínio muito grande de ritmos, cadências, vibrações e sonoridades, o que, entre outras virtudes, exige um ouvido muito bom. Aliás, Manuel Bandeira disse, certa vez, que não confiava em poeta que não tivesse o verso medido "nas ouças"... Ou seja: quem não é bom no verso medido não pode escrever bem o verso livre – e, infelizmente, este é praticado sobretudo por gente incapaz de escrever um verso medido de qualidade. Em suma, bem examinada a questão, temos mesmo que concluir que o verso livre não existe – como já diziam o próprio Bandeira, Mário de Andrade e T. S. Eliot.

Talvez, em lugar de afirmar, apenas, que *Lira dos cinquent'anos* é obra da maturidade, devamos fazer notar que se trata de obra que confirma o que podemos chamar de segunda juventude de Manuel Bandeira, que foi jovem até os 18 anos e envelheceu rapidamente ao se saber condenado à morte por tuberculose. Nem bem começava a sua existência, cheia de projetos, de sonhos, e se via convivendo tragicamente com o destino quase sempre inevitável para os que eram vitimados pelo grande mal da época. Passava, assim, abruptamente da condição de jovem cheio de futuro à de um velho à beira do túmulo. Sobrevivendo, fez uma trajetória inversa: ia remoçando, ao passar dos anos, o que expressava em sua poesia.

Alguns dos poemas mais bem característicos de Manuel Bandeira estão em *Lira dos cinquent'anos* – como "O exemplo das rosas", "Versos de Natal", "Canção do vento e da minha vida", "Última canção do beco", "Testamento", "Balada do rei das sereias", "Velha chácara", entre outros. Tendo falado em "segunda juventude" do poeta, há neste livro um poema bem característico do homem forte na vida:

O martelo

As rodas rangem na curva dos trilhos
Inexoravelmente.
Mas eu salvei do meu naufrágio
Os elementos mais cotidianos.
O meu quarto resume o passado em todas as casas que habitei.

Dentro da noite
No cerne duro da cidade
Me sinto protegido.
Do jardim do convento
Vem o pio da coruja.
Doce como um arrulho de pomba.
Sei que amanhã quando acordar
Ouvirei o martelo do ferreiro
Bater corajoso o seu cântico de certezas.

Trata-se de clara confiança. A imagem de homem desassombrado surge, com vigor, no "Soneto inglês nº 2":

Aceitar o castigo imerecido,
Não por fraqueza, mas por altivez.
No tormento mais fundo o teu gemido
Trocar num grito de ódio a quem o fez.
As delícias da carne e pensamento
Com que o instinto da espécie nos engana
Sobpor ao generoso sentimento

De uma afeição mais simplesmente humana.
Não tremer de esperança nem de espanto.
Nada pedir nem desejar, senão
A coragem de ser um novo santo
Sem fé num mundo além do mundo. E então
Morrer sem uma lágrima, que a vida
Não vale a pena e a dor de ser vivida.

A morte está presente, sim, em *Lira dos cinquent'anos*, porém não mais a sombra terrificante do passado, quando ele fazia versos "como quem morre", como está dito no segundo poema do seu primeiro livro, composição que também fala em pranto, desalento, desencanto, tristeza, amargura, etc. Não há, nos versos do soneto, nada de desânimo ou conformismo. Pode o poeta aceitar o castigo imerecido, mas por "altivez", e troca o gemido por um grito de ódio. O que se deseja, aqui, é uma vida equilibrada, justa, forte o bastante para não tremer nem de esperança nem de espanto. Se houver pedido ou desejo de algo, que seja algo novo e prodigioso: ser um santo que não tenha fé num outro mundo. No mais – porque a existência humana é o que é –, morrer com dignidade.

Em estudo que escrevi,[1] depois de fazer um levantamento da mudança das relações do poeta com a morte, refiro-me particularmente a "A morte absoluta":

> "A morte absoluta", em *Lira dos cinquent'anos*, também não transmite angústia. É a ideia, como diz o título, da morte total, "de corpo e de alma". Livre, sobretudo, de quaisquer prolongamentos *post mortem*, do que costumam prometer as religiões:

---

[1] ESPINHEIRA FILHO, Ruy. *Forma e alumbramento:* poética e poesia em Manuel Bandeira. Rio de Janeiro: José Olympio; ABL, 2004.

> "Morrer sem deixar porventura uma alma errante...
> A caminho do céu?
> Mas que céu pode satisfazer teu sonho de céu?"

Morte absoluta. Não restando sequer um nome – o daquele que *foi*.

Sobre este poema, escreve Bandeira em *Itinerário de Pasárgada*:

> Não alimento nenhum desejo de imortalidade. O meu poema "A morte absoluta" não foi sincero apenas na hora em que o escrevi, o que é afinal a única sinceridade que se deva exigir de uma obra de arte. Posso dizer na mais inteira tranquilidade que pouco se me dá de, quando morrer, morrer completamente e para sempre na minha carne e na minha poesia.[2]

Trata-se de maturidade, sim, mas também de juventude. É poeta que já se despedia da doença e se recompunha, de maneira lúcida e generosa, com a vida, da qual se despedira antes tantas vezes e na qual, agora, se mostrava tão confiante – o que transparece especialmente na composição "O martelo" – no presente e no futuro.

Em sua vida como um todo, o poeta não corresponde à imagem de fragilidade que dele – devido aos seus problemas de saúde – geralmente se faz. Se há uma coisa de que ele certamente não poderá ser jamais acusado é esta: ter sido frágil. E aquela famosa humildade que tanto poetizou e que foi proclamada por muitos que sobre ele escreveram só funcionou mesmo como método de resistência ao pertinaz assédio da morte, a Dama Branca. Outros ignoraram – ou

---

[2] BANDEIRA, Manuel. *Itinerário de Pasárgada*. São Paulo: Global Editora, 2012, p. 95-96.

desafiaram – a tísica, e morreram em breve tempo. Bandeira, não: reconheceu-a, respeitou-a, enfrentou-a humildemente, tomando as providências necessárias, observando todas as limitações e prescrições, todos os recolhimentos, numa dedicação carinhosa aos cuidados de si mesmo – estratégia defensiva tão obstinada que acabou neutralizando a letalidade da doença.

Tirante essa humildade, que teve tão singular significação, Manuel Bandeira era um homem orgulhoso e consciente de seu orgulho de criador e de trabalhador intelectual. De vencedor. Certo que falou, em verso e em prosa, de desesperanças – mas nele a vitória acabava sempre pertencendo à esperança, à confiança na vida, sempre agitada, intensa, participante. Sem perder o bom humor,[3] enfrentou conservadores, parceiros de aventura literária, arrivistas modernosos. Parnasiano, simbolista (e parnaso-simbolista), autor de transição modernista, moderno, poeta maior, tradutor, articulista, crítico, ensaísta, polemista, teórico, gramático, linguista, cronista, memorialista, correspondente, biógrafo (de Gonçalves Dias), historiador da literatura, antologista, professor... Em tudo ele deu o máximo de si, produzindo sempre obras do mais alto nível.

No mais, a "humildade" do poeta ante a tuberculose acabou por enganá-la tão completamente que ela, depois de ameaçá-lo por tanto tempo, acabou por perdê-lo para outro mal. Leiamos o depoimento do médico Aloysio de Paula:

---

[3] O bom humor do poeta – e sua capacidade de rir francamente – é destacado numa crônica de Rubem Braga: "e me encontrei por acaso com Manuel Bandeira [...] e começamos a conversar não sei bem mais sobre o quê, parece que sobre uma certa mulher. E então, como eu dissesse uma bobagem qualquer, Bandeira riu, riu muito com todos os seus dentes de dentuço. As pessoas de hoje talvez não façam essa ideia de Manuel Bandeira como um homem frequentemente jovial, que ria muito, e gostava de rir." (BRAGA, Rubem. *As boas coisas da vida*. Rio de Janeiro: Record, 1989.)

[...] Bandeira chegou aos 80 anos, já transformado em monumento nacional. Foi quando sua saúde começou a preocupar. Tentei preservar-lhe o máximo o aparelho respiratório. Nebulizações e antibióticos, taponagem e drenagem postural, mantinham-no limpo e protegido. Mas o aparelho digestivo fraquejava. Aos 82 anos, Clementino Fraga Filho, seu clínico dedicado, transfere-o para uma casa de saúde, onde o acompanhávamos solicitamente. Na manhã da sua morte, visitei-o. Nada fazia prever o desfecho temido. Gerson Pomp, o assistente designado para acompanhá-lo mais de perto, chegou algumas horas depois, quando surgiu, incontrolável, a hemorragia digestiva. Bandeira não teve a morte pulmonar esperada [...], foi o duodeno que se rompeu. Não mais a morte lírica dos tuberculosos, mas a morte banal de uma úlcera digestiva.[4]

Aos 82 anos de idade, bem distante dos 18 em que fora desenganado...

*

Manuel Bandeira é o poeta brasileiro mais lírico e límpido do século XX. Lirismo e limpidez que se manifestam em toda a sua obra, incluindo-se, é claro, *Lira dos cinquent'anos*. Posso dar vários exemplos, mas, para não estender demasiadamente o texto, fico com dois, diferentes entre si e ambos obras-primas dessa grande arte. O primeiro é "O exemplo das rosas":

Uma mulher queixava-se do silêncio do amante:
– Já não gostas de mim, pois não encontras palavras para me
[louvar!
Então ele, apontando-lhe a rosa que lhe morria no seio:

---

[4] ANDRADE, Carlos Drummond de et al. *Homenagem a Manuel Bandeira – 1986-1988*. Rio de Janeiro: Presença Edições, 1989, p. 53.

– Não será insensato pedir a esta rosa que fale?
Não vês que ela se dá toda no seu perfume?

O segundo é "Velha chácara":

A casa era por aqui...
Onde? Procuro-a e não acho.
Ouço uma voz que esqueci:
É a voz deste mesmo riacho.

Ah quanto tempo passou!
(Foram mais de cinquenta anos.)
Tantos que a morte levou!
(E a vida... nos desenganos...)

A usura fez tábua rasa
Da velha chácara triste:
Não existe mais a casa...

– Mas o menino ainda existe.

Sem Manuel Bandeira a alma nacional seria muito mais pobre. Afinal, como se sabe, foi ele um dos responsáveis pela alma nova que o nosso povo passou a possuir a partir dos primeiros anos do século XX. E *Lira dos cinquent'anos* reúne, sem contradição, alguns dos momentos do mais maduro e jovem lirismo daquele que Carlos Drummond de Andrade sempre considerou – em consonância com milhares de leitores de várias gerações – o maior poeta do Brasil.

Ruy Espinheira Filho

Lira dos cinquent'anos

Ouro Preto

Ouro branco! Ouro preto! Ouro podre! De cada
Ribeirão trepidante e de cada recosto
De montanha o metal rolou na cascalhada
Para o fausto d'El-Rei, para a glória do imposto.

Que resta do esplendor de outrora? Quase nada:
Pedras... templos que são fantasmas ao sol-posto.
Esta agência postal era a Casa de Entrada...
Este escombro foi um solar... Cinza e desgosto!

O bandeirante decaiu – é funcionário.
Último sabedor da crônica estupenda,
Chico Diogo escarnece o último visionário.

E avulta apenas, quando a noite de mansinho
Vem, na pedra-sabão lavrada como renda,
– Sombra descomunal, a mão do Aleijadinho!

Poema desentranhado de uma prosa de Augusto Frederico Schmidt

A luz da tua poesia é triste mas pura.
A solidão é o grande sinal do teu destino.
O pitoresco, as cores vivas, o mistério e calor dos
                [outros seres te interessam realmente
Mas tu estás apartado de tudo isso, porque vives na
                [companhia dos teus desaparecidos,
Dos que brincaram e cantaram um dia à luz das
                [fogueiras de S. João
E hoje estão para sempre dormindo profundamente.
Da poesia feita como quem ama e quem morre
Caminhaste para uma poesia de quem vive e recebe
                [a tristeza
Naturalmente
– Como o céu escuro recebe a companhia das
                [primeiras estrelas.

O martelo

As rodas rangem na curva dos trilhos
Inexoravelmente.
Mas eu salvei do meu naufrágio
Os elementos mais cotidianos.
O meu quarto resume o passado em todas as casas
[que habitei.

Dentro da noite
No cerne duro da cidade
Me sinto protegido.
Do jardim do convento
Vem o pio da coruja.
Doce como um arrulho de pomba.
Sei que amanhã quando acordar
Ouvirei o martelo do ferreiro
Bater corajoso o seu cântico de certezas.

O exemplo das rosas

Uma mulher queixava-se do silêncio do amante:
– Já não gostas de mim, pois não encontras palavras
[para me louvar!
Então ele, apontando-lhe a rosa que lhe morria no
[seio:
– Não será insensato pedir a esta rosa que fale?
Não vês que ela se dá toda no seu perfume?

Haicai tirado de uma falsa lira de Gonzaga

Quis gravar "Amor"
No tronco de um velho freixo:
"Marília" escrevi.

Maçã

Por um lado te vejo como um seio murcho
Pelo outro como um ventre de cujo umbigo pende
           [ainda o cordão placentário

És vermelha como o amor divino

Dentro de ti em pequenas pevides
Palpita a vida prodigiosa
Infinitamente

E quedas tão simples
Ao lado de um talher
Num quarto pobre de hotel.

Petrópolis, 25-2-1938

Desafio

Não sou barqueiro de vela,
Mas sou um bom remador:
No lago de São Lourenço
Dei prova do meu valor!
Remando contra a corrente,
Ligeiro como a favor,
Contra a neblina enganosa,
Contra o vento zumbidor!
Sou nortista destemido,
Não gaúcho roncador:
No lago de São Lourenço
Dei prova do meu valor!
Uma só coisa faltava
No meu barco remador:
Ver assentado na popa
O vulto do meu amor...
Mas isso era bom demais
– Sorriso claro dos anjos,
Graça de Nosso Senhor!

1938

Canção

Mandaste a sombra de um beijo
Na brancura de um papel:
Tremi de susto e desejo,
Beijei chorando o papel.

No entanto, deste o teu beijo
A um homem que não amavas!
Esqueceste o meu desejo
Pelo de quem não amavas!

Da sombra daquele beijo
Que farei, se a tua boca
É dessas que sem desejo
Podem beijar outra boca?

Cossante

Ondas da praia onde vos vi,
Olhos verdes sem dó de mim,
      Ai Avatlântica!

Ondas da praia onde morais,
Olhos verdes intersexuais.
      Ai Avatlântica!

Olhos verdes sem dó de mim,
Olhos verdes, de ondas sem fim,
      Ai Avatlântica!

Olhos verdes, de ondas sem dó,
Por quem me rompo, exausto e só,
      Ai Avatlântica!

Olhos verdes, de ondas sem fim,
Por quem jurei de vos possuir,
      Ai Avatlântica!

Olhos verdes sem lei nem rei
Por quem juro vos esquecer,
      Ai Avatlântica!

Cantar de amor

> *Quer'eu en maneyra de proençal*
> *Fazer agora hum cantar d'amor...*
>
> D. Dinis

Mha senhor, com'oje dia son,
Atan cuitad'e sen cor assi!
E par Deus non sei que farei i,
Ca non dormho á mui gran sazon.
    Mha senhor, ai meu lum'e meu ben,
    Meu coraçon non sei o que ten.

Noit'e dia no meu coraçon
Nulha ren se non a morte vi,
E pois tal coita non mereci,
Moir'eu logo, se Deus mi perdon.
    Mha senhor, ai meu lum'e meu ben,
    Meu coraçon non sei o que ten.

Des oimais o viver m'é prison:
Grave di'aquel en que naci!
Mha senhor, ai rezade por mi,
Ca perç'o sen e perç'a razon.
    Mha senhor, ai meu lum'e meu ben,
    Meu coraçon non sei o que ten.

Versos de Natal

Espelho, amigo verdadeiro,
Tu refletes as minhas rugas,
Os meus cabelos brancos,
Os meus olhos míopes e cansados.
Espelho, amigo verdadeiro,
Mestre do realismo exato e minucioso,
Obrigado, obrigado!

Mas se fosses mágico,
Penetrarias até ao fundo desse homem triste,
Descobririas o menino que sustenta esse homem,
O menino que não quer morrer,
Que não morrerá senão comigo,
O menino que todos os anos na véspera do Natal
Pensa ainda em pôr os seus chinelinhos atrás da
                        [porta.

1939

Soneto italiano

Frescura das sereias e do orvalho,
Graça dos brancos pés dos pequeninos,
Voz das manhãs cantando pelos sinos,
Rosa mais alta no mais alto galho:

De quem me valerei, se não me valho
De ti, que tens a chave dos destinos
Em que arderam meus sonhos cristalinos
Feitos cinza que em pranto ao vento espalho?

Também te vi chorar... Também sofreste
A dor de ver secarem pela estrada
As fontes da esperança... E não cedeste!

Antes, pobre, despida e trespassada,
Soubeste dar à vida, em que morreste,
Tudo, – à vida, que nunca te deu nada!

28 de janeiro de 1939

Soneto inglês nº 1

Quando a morte cerrar meus olhos duros
– Duros de tantos vãos padecimentos,
Que pensarão teus peitos imaturos
Da minha dor de todos os momentos?
Vejo-te agora alheia, e tão distante:
Mais que distante – isenta. E bem prevejo,
Desde já bem prevejo o exato instante
Em que de outro será não teu desejo,
Que o não terás, porém teu abandono,
Tua nudez! Um dia hei de ir embora
Adormecer no derradeiro sono.
Um dia chorarás... Que importa? Chora.
    Então eu sentirei muito mais perto
    De mim feliz, teu coração incerto.

1940

Soneto inglês nº 2

Aceitar o castigo imerecido,
Não por fraqueza, mas por altivez.
No tormento mais fundo o teu gemido
Trocar num grito de ódio a quem o fez.
As delícias da carne e pensamento
Com que o instinto da espécie nos engana
Sobpor ao generoso sentimento
De uma afeição mais simplesmente humana.
Não tremer de esperança nem de espanto.
Nada pedir nem desejar, senão
A coragem de ser um novo santo
Sem fé num mundo além do mundo. E então
    Morrer sem uma lágrima, que a vida
    Não vale a pena e a dor de ser vivida.

Pousa a mão na minha testa

Não te doas do meu silêncio:
Estou cansado de todas as palavras.
Não sabes que te amo?
Pousa a mão na minha testa:
Captarás numa palpitação inefável
O sentido da única palavra essencial
– Amor.

Água-forte

O preto no branco,
O pente na pele:
Pássaro espalmado
No céu quase branco.

Em meio do pente,
A concha bivalve
Num mar de escarlata.
Concha, rosa ou tâmara?

No escuro recesso,
As fontes da vida
A sangrar inúteis
Por duas feridas.

Tudo bem oculto
Sob as aparências
Da água-forte simples:
De face, de flanco,
O preto no branco.

A morte absoluta

Morrer.
Morrer de corpo e de alma.
Completamente.

Morrer sem deixar o triste despojo da carne,
A exangue máscara de cera,
Cercada de flores,
Que apodrecerão – felizes! – num dia,
Banhada de lágrimas
Nascidas menos da saudade do que do espanto da
[morte.

Morrer sem deixar porventura uma alma errante...
A caminho do céu?
Mas que céu pode satisfazer teu sonho de céu?

Morrer sem deixar um sulco, um risco, uma sombra,
A lembrança de uma sombra
Em nenhum coração, em nenhum pensamento,
Em nenhuma epiderme.

Morrer tão completamente
Que um dia ao lerem o teu nome num papel
Perguntem: "Quem foi?..."

Morrer mais completamente ainda,
– Sem deixar sequer esse nome.

A estrela

Vi uma estrela tão alta,
Vi uma estrela tão fria!
Vi uma estrela luzindo
Na minha vida vazia.

Era uma estrela tão alta!
Era uma estrela tão fria!
Era uma estrela sozinha
Luzindo no fim do dia.

Por que da sua distância
Para a minha companhia
Não baixava aquela estrela?
Por que tão alta luzia?

E ouvi-a na sombra funda
Responder que assim fazia
Para dar uma esperança
Mais triste ao fim do meu dia.

Mozart no céu

No dia 5 de dezembro de 1791 Wolfgang Amadeus
 [Mozart entrou no céu, como um artista de
 [circo, fazendo piruetas extraordinárias sobre
 [um mirabolante cavalo branco.

Os anjinhos atônitos diziam: Que foi? Que não foi?
Melodias jamais ouvidas voavam nas linhas
 [suplementares superiores da pauta.
Um momento se suspendeu a contemplação inefável.
A Virgem beijou-o na testa
E desde então Wolfgang Amadeus Mozart foi o
 [mais moço dos anjos.

Canção da Parada do Lucas

Parada do Lucas
– O trem não parou.

Ah, se o trem parasse
Minha alma incendida
Pediria à Noite
Dois seios intactos.

Parada do Lucas
– O trem não parou.

Ah, se o trem parasse
Eu iria aos mangues
Dormir na escureza
Das águas defuntas.

Parada do Lucas
– O trem não parou.

Nada aconteceu
Senão a lembrança
Do crime espantoso
Que o tempo engoliu.

Canção do vento e da minha vida

O vento varria as folhas,
O vento varria os frutos,
O vento varria as flores...
    E a minha vida ficava
    Cada vez mais cheia
    De frutos, de flores, de folhas.

O vento varria as luzes
O vento varria as músicas,
O vento varria os aromas...
    E a minha vida ficava
    Cada vez mais cheia
    De aromas, de estrelas, de cânticos.

O vento varria os sonhos
E varria as amizades...
O vento varria as mulheres.
    E a minha vida ficava
    Cada vez mais cheia
    De afetos e de mulheres.

O vento varria os meses
E varria os teus sorrisos...
O vento varria tudo!
    E a minha vida ficava
    Cada vez mais cheia
    De tudo.

Canção de muitas Marias

Uma, duas, três Marias,
Tira o pé da noite escura.
Se uma Maria é demais,
Duas, três, que não seria?

Uma é Maria da Graça,
Outra é Maria Adelaide:
Uma tem o pai pau-d'água,
Outra tem o pai alcaide.

A terceira é tão distante,
Que só vendo por binóculo.
Essa é Maria das Neves,
Que chora e sofre do fígado!

Há mais Marias na terra.
Tantas que é um não acabar,
– Mais que as estrelas no céu,
Mais que as folhas na floresta,
Mais que as areias no mar!

Por uma saltei de vara,
Por outra estudei tupi.
Mas a melhor das Marias
Foi aquela que eu perdi.

Essa foi a Mária Cândida
(Mária digam por favor),
Minha Maria enfermeira,
Tão forte e morreu de gripe,
Tão pura e não teve sorte,
Maria do meu amor.

E depois dessa Maria,
Que foi cândida no nome,
Cândida no coração;
Que em vida foi a das Dores,
E hoje é Maria do Céu:
Não cantarei mais nenhuma,
Que a minha lira estalou,
Que a minha lira morreu!

Dedicatória

Estou triste estou triste
Estou desinfeliz
Ó maninha Ó maninha

Ó maninha te ofereço
Com muita vergonha
Um presente de pobre
Estes versos que fiz
Ó maninha Ó maninha.

Rondó do capitão

Bão balalão,
Senhor capitão,
Tirai este peso
Do meu coração.
Não é de tristeza,
Não é de aflição:
É só de esperança,
Senhor capitão!
A leve esperança,
A aérea esperança...
Aérea, pois não!
– Peso mais pesado
Não existe não.
Ah, livrai-me dele,
Senhor capitão!

8 de outubro de 1940

Soneto em louvor de Augusto Frederico Schmidt

Nos teus poemas de cadências bíblicas
Recolheste os sons das coisas mais efêmeras:
O vento que enternece as praias desertas,
O desfolhar das rosas cansadas de viver,

As vozes mais longínquas da infância,
Os risos emudecidos das amadas mortas:
Matilde, Esmeralda, a misteriosa Luciana,
E Josefina, complicado ser que é mulher e é também
[o Brasil.

A tudo que é transitório soubeste
Dar, com a tua grave melancolia,
A densidade do eterno.

Mais de uma vez fizeste aos homens advertências
[terríveis.
Mas tua glória maior é ser aquele
Que soube falar a Deus nos ritmos de sua palavra.

10 de setembro de 1940

Soneto plagiado de Augusto Frederico Schmidt

E de súbito n'alma incompreendida
Esta mágoa, esta pena, esta agonia;
Nos olhos ressequidos a sombria
Fonte de pranto, quente e irreprimida.

No espírito deserto a impressentida
Misteriosa presença que não via;
A consciência do mal que não sabia,
Aparecida, desaparecida...

Até bem pouco, era uma imagem baça.
Agora, neste instante de certeza,
Surgindo claro, como nunca o vi!

E nesse olhar tocado pela graça
Do céu, não sei que angélica pureza
– Pureza que não tenho, que perdi.

Última canção do beco

Beco que cantei num dístico
Cheio de elipses mentais,
Beco das minhas tristezas,
Das minhas perplexidades
(Mas também dos meus amores,
Dos meus beijos, dos meus sonhos),
Adeus para nunca mais!

Vão demolir esta casa.
Mas meu quarto vai ficar,
Não como forma imperfeita
Neste mundo de aparências:
Vai ficar na eternidade,
Com seus livros, com seus quadros,
Intacto, suspenso no ar!

Beco de sarças de fogo,
De paixões sem amanhãs,
Quanta luz mediterrânea
No esplendor da adolescência
Não recolheu nestas pedras
O orvalho das madrugadas,
A pureza das manhãs!

Beco das minhas tristezas.
Não me envergonhei de ti!
Foste rua de mulheres?
Todas são filhas de Deus!
Dantes foram carmelitas...
E eras só de pobres quando,
Pobre, vim morar aqui.

Lapa – Lapa do Desterro –,
Lapa que tanto pecais!
(Mas quando bate seis horas,
Na primeira voz dos sinos,
Como na voz que anunciava
A conceição de Maria,
Que graças angelicais!)

Nossa Senhora do Carmo,
De lá de cima do altar,
Pede esmolas para os pobres,
– Para mulheres tão tristes,
Para mulheres tão negras,
Que vêm nas portas do templo
De noite se agasalhar.

Beco que nasceste à sombra
De paredes conventuais,
És como a vida, que é santa
Pesar de todas as quedas.
Por isso te amei constante
E canto para dizer-te
Adeus para nunca mais!

25 de março de 1942

Belo belo

Belo belo belo,
Tenho tudo quanto quero.

Tenho o fogo de constelações extintas há milênios.
E o risco brevíssimo – que foi? passou! – de tantas
[estrelas cadentes.

A aurora apaga-se,
E eu guardo as mais puras lágrimas da aurora.

O dia vem, e dia adentro
Continuo a possuir o segredo grande da noite.

Belo belo belo,
Tenho tudo quanto quero.

Não quero o êxtase nem os tormentos.
Não quero o que a terra só dá com trabalho.

As dádivas dos anjos são inaproveitáveis:
Os anjos não compreendem os homens.

Não quero amar,
Não quero ser amado.
Não quero combater,
Não quero ser soldado.

– Quero a delícia de poder sentir as coisas mais
[simples.

Acalanto de John Talbot

Dorme, meu filhinho,
Dorme sossegado.
Dorme, que a teu lado
Cantarei baixinho.
O dia não tarda...
Vai amanhecer:
Como é frio o ar!
O anjinho da guarda
Que o Senhor te deu,
Pode adormecer,
Pode descansar,
Que te guardo eu.

8 de agosto de 1942

Testamento

O que não tenho e desejo
É que melhor me enriquece.
Tive uns dinheiros – perdi-os...
Tive amores – esqueci-os.
Mas no maior desespero
Rezei: ganhei essa prece.

Vi terras da minha terra.
Por outras terras andei.
Mas o que ficou marcado
No meu olhar fatigado,
Foram terras que inventei.

Gosto muito de crianças:
Não tive um filho de meu.
Um filho!... Não foi de jeito...
Mas trago dentro do peito
Meu filho que não nasceu.

Criou-me, desde eu menino,
Para arquiteto meu pai.
Foi-se-me um dia a saúde...
Fiz-me arquiteto? Não pude!
Sou poeta menor, perdoai!

Não faço versos de guerra.
Não faço porque não sei.
Mas num torpedo-suicida
Darei de bom grado a vida
Na luta em que não lutei!

29 de janeiro de 1943

Gazal em louvor de Hafiz

Escuta o gazal que fiz,
Darling, em louvor de Hafiz:

– Poeta de Chiraz, teu verso
Tuas mágoas e as minhas diz.

Pois no mistério do mundo
Também me sinto infeliz.

Falaste: "Amarei constante
Aquela que não me quis."

E as filhas de Samarcanda,
Cameleiros e sufis

Ainda repetem os cantos
Em que choras e sorris.

As bem-amadas ingratas,
São pó; tu, vives, Hafiz!

Petrópolis, 1943

Ubiquidade

Estás em tudo que penso,
Estás em quanto imagino:
Estás no horizonte imenso,
Estás no grão pequenino.

Estás na ovelha que pasce,
Estás no rio que corre:
Estás em tudo que nasce,
Estás em tudo que morre.

Em tudo estás, nem repousas,
Ó ser tão mesmo e diverso!
(Eras no início das cousas,
Serás no fim do universo.)

Estás na alma e nos sentidos.
Estás no espírito, estás
Na letra, e, os tempos cumpridos,
No céu, no céu estarás.

Petrópolis, 11-3-1943

Piscina

Que silêncio enorme!
Na piscina verde
Gorgoleja trépida
A água da carranca.

Só a lua se banha
– Lua gorda e branca –
Na piscina verde.
Como a lua é branca!

Corre um arrepio
Silenciosamente
Na piscina verde:
Lua ela não quer.

Ah o que ela quer
A piscina verde
É o corpo queimado
De certa mulher
Que jamais se banha
Na espadana branca
Da água da carranca.

Petrópolis, 25-3-1943

Balada do rei das sereias

O rei atirou
Seu anel ao mar
E disse às sereias:
– Ide-o lá buscar,
Que se o não trouxerdes,
Virareis espuma
Das ondas do mar!

Foram as sereias,
Não tardou, voltaram
Com o perdido anel.
Maldito o capricho
De rei tão cruel!

O rei atirou
Grãos de arroz ao mar
E disse às sereias:
– Ide-os lá buscar,
Que se os não trouxerdes,
Virareis espuma
Das ondas do mar!

Foram as sereias,
Não tardou, voltaram,
Não faltava um grão.
Maldito o capricho
Do mau coração!

O rei atirou
Sua filha ao mar
E disse às sereias:
– Ide-a lá buscar
Que se a não trouxerdes,
Virareis espuma
Das ondas do mar!

Foram as sereias...
Quem as viu voltar?...
Não voltaram nunca!
Viraram espuma
Das ondas do mar.

Petrópolis, 25-3-1943

Pardalzinho

O pardalzinho nasceu
Livre. Quebraram-lhe a asa.
Sacha lhe deu uma casa,
Água, comida e carinhos.
Foram cuidados em vão:
A casa era uma prisão,
O pardalzinho morreu.
O corpo Sacha enterrou
No jardim; a alma, essa voou
Para o céu dos passarinhos!

Petrópolis, 10-3-1943

Peregrinação

O córrego é o mesmo,
Mesma, aquela árvore,
A casa, o jardim.

Meus passos a esmo
(Os passos e o espírito)
Vão pelo passado,
Ai tão devastado,
Recolhendo triste
Tudo quanto existe
Ainda ali de mim
– Mim daqueles tempos!

Petrópolis, 12-3-1943

Eu vi uma rosa

Eu vi uma rosa
– Uma rosa branca –
Sozinha no galho.
No galho? Sozinha
No jardim, na rua.

Sozinha no mundo.

Em torno, no entanto,
Ao sol de mei-dia,
Toda a natureza
Em formas e cores
E sons esplendia.

Tudo isso era excesso.

A graça essencial,
Mistério inefável
– Sobrenatural –
Da vida e do mundo,
Estava ali na rosa
Sozinha no galho.

Sozinha no tempo.

Tão pura e modesta,
Tão perto do chão,
Tão longe na glória
Da mística altura,
Dir-se-ia que ouvisse
Do arcanjo invisível
As palavras santas
De outra Anunciação.

Petrópolis, 1943

A Alphonsus de Guimaraens Filho

Scorn not the sonnet, disse o inglês. Ouviste
O conselho do poeta e um dia, quando
Mais o espinho pungiu da ausência triste,
O primeiro soneto abriu cantando.

Musa do verso livre, hoje ela insiste
Na imortal forma, da paterna herdando.
Todos em louvor dessa que ora assiste
Em teu lar, dois destinos misturando.

No molde exíguo, onde infinita a mágoa
Humana vem caber, como o universo
A refletir-se numa gota d'água,

Disseste o mal da ausência. E ais e saudades
E vigílias e castas soledades
Choram lágrimas novas no teu verso.

Petrópolis, 5-1-1944

Velha chácara

A casa era por aqui...
Onde? Procuro-a e não acho.
Ouço uma voz que esqueci:
É a voz deste mesmo riacho.

Ah quanto tempo passou!
(Foram mais de cinquenta anos.)
Tantos que a morte levou!
(E a vida... nos desenganos...)

A usura fez tábua rasa
Da velha chácara triste:
Não existe mais a casa...

– Mas o menino ainda existe.

1944

Carta de brasão

Escudo vermelho nele uma Bandeira
Quadrada de ouro
E nele um leão rompente
Azul, armado.
Língua, dentes e unhas de vermelho.
E a haste da Bandeira de ouro.
E a bandeira com um filete de prata
Em quadra.
Paquife de prata e azul.
Elmo de prata cerrado
Guarnecido de ouro.
E a mesma bandeira por timbre.

Esta é a minha carta de brasão.
Por isso teu nome
Não chamarei mais Rosa, Teresa ou Esmeralda:
Teu nome chamarei agora
Candelária.

22-6-1943

Cronologia

1886
A 19 de abril, nasce Manuel Carneiro de Souza Bandeira Filho, em Recife. Seus pais, Manuel Carneiro de Souza Bandeira e Francelina Ribeiro de Souza Bandeira.

1890
A família se transfere para o Rio de Janeiro, depois para Santos, São Paulo e novamente para o Rio de Janeiro.

1892
Volta para Recife.

1896-1902
Novamente no Rio de Janeiro, cursa o externato do Ginásio Nacional, atual Colégio Pedro II.

1903-1908
Transfere-se para São Paulo, onde cursa a Escola Politécnica. Por influência do pai, começa a estudar arquitetura. Em 1904, doente (tuberculose), volta ao Rio de Janeiro para se tratar. Em seguida, ainda em tratamento, reside em Campanha, Teresópolis, Maranguape, Uruquê e Quixeramobim.

1913
Segue para a Europa, para tratar-se no sanatório de Clavadel, Suíça. Tenta publicar um primeiro livro, *Poemetos melancólicos*, perdido no sanatório quando o poeta retorna ao Brasil.

1916
Morre a mãe do poeta.

1917
Publica o primeiro livro, *A cinza das horas*.

1918
Morre a irmã do poeta, sua enfermeira desde 1904.

1919
Publica *Carnaval*.

1920
Morre o pai do poeta.

1922
Em São Paulo, Ronald de Carvalho lê o poema "Os sapos", de *Carnaval*, na Semana de Arte Moderna. Morre o irmão do poeta.

1924
Publica *Poesias*, que reúne *A cinza das horas*, *Carnaval* e *O ritmo dissoluto*.

1925
Começa a escrever para o "Mês Modernista", página dos modernistas em *A Noite*.
Exerce a crítica musical nas revistas *A Ideia Ilustrada* e *Ariel*.

1926
Como jornalista, viaja por Salvador, Recife, João Pessoa, Fortaleza, São Luís e Belém.

1928-1929
Viaja a Minas Gerais e São Paulo. Como fiscal de bancas examinadoras, viaja para Recife. Começa a escrever crônicas para o *Diário Nacional*, de São Paulo, e *A Província*, do Recife.

1930
Publica *Libertinagem*.

1935
Nomeado pelo ministro Gustavo Capanema inspetor de ensino secundário.

1936
Publica *Estrela da manhã*, em edição fora de comércio.

Os amigos publicam *Homenagem a Manuel Bandeira*, com poemas, estudos críticos e comentários sobre sua vida e obra.

1937

Publica *Crônicas da Província do Brasil*, *Poesias escolhidas* e *Antologia dos poetas brasileiros da fase romântica*.

1938

Nomeado pelo ministro Gustavo Capanema professor de literatura do Colégio Pedro II e membro do Conselho Consultivo do Departamento do Patrimônio Histórico e Artístico Nacional.

Publica *Antologia dos poetas brasileiros da fase parnasiana* e o ensaio *Guia de Ouro Preto*.

1940

Publica *Poesias completas* e os ensaios *Noções de história das literaturas* e *A autoria das "Cartas chilenas"*.
Eleito para a Academia Brasileira de Letras.

1941

Exerce a crítica de artes plásticas em *A Manhã*, do Rio de Janeiro.

1942

Eleito para a Sociedade Felipe d'Oliveira. Organiza *Sonetos completos e poemas escolhidos*, de Antero de Quental.

1943

Nomeado professor de literatura hispano-americana na Faculdade Nacional de Filosofia. Deixa o Colégio Pedro II.

1944

Organiza *Obras poéticas*, de Gonçalves Dias, e publica uma nova edição das *Poesias completas*.

1945

Publica *Poemas traduzidos*.

1946

Publica *Apresentação da poesia brasileira*, *Antologia dos poetas*

brasileiros bissextos contemporâneos e, no México, *Panorama de la poesía brasileña*.
Conquista o Prêmio de Poesia do IBEC.

1948

Publica *Poesias completas*, *Poesias escolhidas*, *Mafuá do malungo: jogos onomásticos e outros versos de circunstância*, em edição fora de comércio, e uma nova edição aumentada de *Poemas traduzidos*.
Organiza *Rimas*, de José Albano.

1949

Publica o ensaio *Literatura hispano-americana*.

1951

A convite de amigos, candidata-se a deputado pelo Partido Socialista Brasileiro, mas não se elege.
Publica nova edição, novamente aumentada, das *Poesias completas*.

1952

Publica *Opus 10*, em edição fora de comércio, e a biografia *Gonçalves Dias*.

1954

Publica as memórias *Itinerário de Pasárgada* e o livro de ensaios *De poetas e de poesia*.

1955

Publica *50 poemas escolhidos pelo autor* e *Poesias*. Começa a escrever crônicas para o *Jornal do Brasil*, do Rio de Janeiro, e *Folha da Manhã*, de São Paulo.

1956

Publica o ensaio *Versificação em língua portuguesa*, uma nova edição de *Poemas traduzidos* e, em Lisboa, *Obras poéticas*.
Aposentado compulsoriamente como professor de literatura hispano-americana da Faculdade Nacional de Filosofia.

1957

Publica o livro de crônicas *Flauta de papel* e a edição conjunta *Itinerário de Pasárgada/De poetas e de poesia*.
Viaja para Holanda, Inglaterra e França.

1958

Publica *Poesia e prosa* (obra reunida, em dois volumes), a antologia *Gonçalves Dias*, uma nova edição de *Noções de história das literaturas* e, em Washington, *Brief History of Brazilian Literature*.

1960

Publica *Pasárgada*, *Alumbramentos* e *Estrela da tarde*, todos em edição fora de comércio, e, em Paris, *Poèmes*.

1961

Publica *Antologia poética*. Começa a escrever crônicas para o programa *Quadrante*, da Rádio Ministério da Educação.

1962

Publica *Poesia e vida de Gonçalves Dias*.

1963

Publica a segunda edição de *Estrela da tarde* (acrescida de poemas inéditos e da tradução de *Auto sacramental do Divino Narciso*, de Sóror Juana Inés de la Cruz) e a antologia *Poetas do Brasil*, organizada em parceria com José Guilherme Merquior. Começa a escrever crônicas para o programa *Vozes da cidade*, da Rádio Roquette-Pinto.

1964

Publica em Paris o livro *Manuel Bandeira*, com tradução e organização de Michel Simon, e, em Nova York, *Brief History of Brazilian Literature*.

1965

Publica *Rio de Janeiro em prosa & verso*, livro organizado em parceria com Carlos Drummond de Andrade, *Antologia dos poetas brasileiros da fase simbolista* e, em edição fora de comércio, o álbum *Preparação para a morte*.

1966

Recebe, das mãos do presidente da República, a Ordem do Mérito Nacional.
Publica *Os reis vagabundos e mais 50 crônicas*, com organização de Rubem Braga, *Estrela da vida inteira* (poesia completa) e o livro de crônicas *Andorinha, andorinha*, com organização de Carlos Drummond de Andrade.

Conquista o título de Cidadão Carioca, da Assembleia Legislativa do Estado da Guanabara, e o Prêmio Moinho Santista.

1967

Publica *Poesia completa e prosa*, em volume único, e a *Antologia dos poetas brasileiros da fase moderna*, em dois volumes, organizada em parceria com Walmir Ayala.

1968

Publica o livro de crônicas *Colóquio unilateralmente sentimental*. Falece a 13 de outubro, no Rio de Janeiro.

Bibliografia básica sobre Manuel Bandeira

ANDRADE, Carlos Drummond de. Entre Bandeira e Oswald de Andrade. In: _____. *Tempo vida poesia:* confissões no rádio. Rio de Janeiro: Record, 1986.

_____. Manuel Bandeira. In: _____. *Passeios na ilha:* divagações sobre a vida literária e outras matérias. Rio de Janeiro: Organização Simões, 1952.

_____ et al. *Homenagem a Manuel Bandeira.* Rio de Janeiro: Typ. do *Jornal do Commercio*, 1936. 2. ed. fac-similar. São Paulo: Metal Leve, 1986.

ANDRADE, Mário de. A poesia em 1930. In: _____. *Aspectos da literatura brasileira.* 5. ed. São Paulo: Martins, 1974.

ARRIGUCCI JR., Davi. A beleza humilde e áspera. In: _____. *O cacto e as ruínas:* a poesia entre outras artes. 2. ed. São Paulo: Duas Cidades/Editora 34, 2000.

_____. Achados e perdidos. In: _____. *Outros achados e perdidos.* São Paulo: Companhia das Letras, 1999.

_____. *Humildade, paixão e morte:* a poesia de Manuel Bandeira. São Paulo: Companhia das Letras, 1990.

_____. O humilde cotidiano de Manuel Bandeira. In: SCHWARZ, Roberto (Org.). *Os pobres na literatura brasileira.* São Paulo: Brasiliense, 1983.

BACIU, Stefan. *Manuel Bandeira de corpo inteiro.* Rio de Janeiro: José Olympio, 1966.

BARBOSA, Francisco de Assis. *Manuel Bandeira, 100 anos de poesia:* síntese da vida e obra do poeta maior do Modernismo. Recife: Pool, 1988.

_____. Manuel Bandeira, estudante do Colégio Pedro II. In: _____. *Achados do vento*. Rio de Janeiro: Ministério da Educação e Cultura/Instituto Nacional do Livro, 1958.

BEZERRA, Elvia. *A trinca do Curvelo:* Manuel Bandeira, Ribeiro Couto e Nise da Silveira. Rio de Janeiro: Topbooks, 1995.

BRASIL, Assis. *Manuel e João:* dois poetas pernambucanos. Rio de Janeiro. Imago, 1990.

BRAYNER, Sônia (Org.). *Manuel Bandeira*. Rio de Janeiro: Civilização Brasileira; Brasília: Instituto Nacional do Livro, 1980.

CANDIDO DE MELLO E SOUZA, Antonio. Carrossel. In: _____. *Na sala de aula:* caderno de análise literária. São Paulo: Ática, 1985.

_____; MELLO E SOUZA, Gilda de. Introdução. In: BANDEIRA, Manuel. *Estrela da vida inteira:* poesias reunidas. Rio de Janeiro: José Olympio, 1966.

CARPEAUX, Otto Maria. Bandeira. In: _____. *Ensaios reunidos:* 1942-1968. Rio de Janeiro: UniverCidade/Topbooks, 1999.

_____. Última canção – vasto mundo. In: _____. *Origens e fins*. Rio de Janeiro: Casa do Estudante do Brasil, 1943.

CASTELLO, José Aderaldo. Manuel Bandeira – sob o signo da infância. In: _____. *A literatura brasileira:* origens e unidade. São Paulo: Edusp, 1999. v. 2.

COELHO, Joaquim-Francisco. *Biopoética de Manuel Bandeira*. Recife: Massangana, 1981.

_____. *Manuel Bandeira pré-modernista*. Rio de Janeiro: José Olympio; Brasília: Instituto Nacional do Livro, 1982.

CORRÊA, Roberto Alvim. Notas sobre a poesia de Manuel Bandeira. In: _____. *Anteu e a crítica:* ensaios literários. Rio de Janeiro: José Olympio, 1948.

COUTO, Ribeiro. *Três retratos de Manuel Bandeira*. Organização de Elvia Bezerra. Rio de Janeiro: Academia Brasileira de Letras, 2004.

ESPINHEIRA FILHO, Ruy. *Forma e alumbramento:* poética e poesia em Manuel Bandeira. Rio de Janeiro: José Olympio/Academia Brasileira de Letras, 2004.

FONSECA, Edson Nery da. *Alumbramentos e perplexidades:* vivências bandeirianas. São Paulo: Arx, 2002.

FREYRE, Gilberto. A propósito de Manuel Bandeira. In: _____. *Tempo de aprendiz*. São Paulo: Ibrasa; Brasília: Instituto Nacional do Livro, 1979.

_____. Dos oito aos oitenta. In: _____. *Prefácios desgarrados*. Rio de Janeiro: Cátedra; Brasília: Instituto Nacional do Livro, 1978. v. 2.

_____. Manuel Bandeira em três tempos. In: _____. *Perfil de Euclides e outros perfis*. 2. ed. aumentada. Rio de Janeiro: Record, 1987. 3. ed. revista. São Paulo: Global, 2011.

GARBUGLIO, José Carlos. *Roteiro de leitura:* poesia de Manuel Bandeira. São Paulo: Ática, 1998.

GARDEL, André. *O encontro entre Bandeira e Sinhô*. Rio de Janeiro: Secretaria Municipal de Cultura/Departamento Geral de Documentação e Informação Cultural/Divisão de Editoração, 1996.

GOLDSTEIN, Norma Seltzer. *Do penumbrismo ao Modernismo:* o primeiro Bandeira e outros poetas significativos. São Paulo: Ática, 1983.

_____ (Org.). *Traços marcantes no percurso poético de Manuel Bandeira*. São Paulo: Humanitas, 2005.

GOYANNA, Flávia Jardim Ferraz. *O lirismo antirromântico em Manuel Bandeira*. Recife: Fundarpe, 1994.

GRIECO, Agrippino. Manuel Bandeira. In: _____. *Poetas e prosadores do Brasil:* de Gregório de Matos a Guimarães Rosa. Rio de Janeiro: Conquista, 1968.

GUIMARÃES, Júlio Castañon. *Manuel Bandeira:* beco e alumbramento. São Paulo: Brasiliense, 1984.

_____. *Por que ler Manuel Bandeira*. São Paulo: Globo, 2008.

IVO, Lêdo. *A república da desilusão:* ensaios. Rio de Janeiro: Topbooks, 1994.

_____. Estrela de Manuel. In: _____. *Poesia observada:* ensaios sobre a criação poética e matérias afins. 2. ed. São Paulo: Duas Cidades, 1978.

_____. *O preto no branco:* exegese de um poema de Manuel Bandeira. Rio de Janeiro: São José, 1955.

JUNQUEIRA, Ivan. Humildade, paixão e morte. In: _____. *Prosa dispersa:* ensaios. Rio de Janeiro: Topbooks, 1991.

_____. *Testamento de Pasárgada.* Rio de Janeiro: Nova Fronteira, 1980. 2. ed. revista, 2003.

KOSHIYAMA, Jorge. O lirismo em si mesmo: leitura de "Poética" de Manuel Bandeira. In: BOSI, Alfredo (Org.). *Leitura de poesia.* São Paulo: Ática, 1996.

LIMA, Rocha. *Dois momentos da poesia de Manuel Bandeira.* Rio de Janeiro: José Olympio, 1992.

LOPEZ, Telê Porto Ancona (Org.). *Manuel Bandeira:* verso e reverso. São Paulo: T. A. Queiroz, 1987.

MARTINS, Wilson. Bandeira e Drummond... In: _____. *Pontos de vista:* crítica literária 1954-1955. São Paulo: T. A. Queiroz, 1991. v. 1.

_____. Manuel Bandeira. In: _____. *A literatura brasileira:* o Modernismo. São Paulo: Cultrix, 1965. v. 6.

MERQUIOR, José Guilherme. O Modernismo e três dos seus poetas. In: _____. *Crítica 1964-1989:* ensaios sobre arte e literatura. Rio de Janeiro: Nova Fronteira, 1990.

MILLIET, Sérgio. *Panorama da moderna poesia brasileira.* Rio de Janeiro: Ministério da Educação e Saúde/ Serviço de Documentação, 1952.

MONTEIRO, Adolfo Casais. *Manuel Bandeira.* Rio de Janeiro: Ministério da Educação e Cultura/Serviço de Documentação, 1958.

MORAES, Emanuel de. *Manuel Bandeira:* análise e interpretação literária. Rio de Janeiro: José Olympio, 1962.

MOURA, Murilo Marcondes de. *Manuel Bandeira*. São Paulo: Publifolha, 2001.

MURICY, Andrade. Manuel Bandeira. In: _____. *A nova literatura brasileira:* crítica e antologia. Porto Alegre: Globo, 1936.

_____. Manuel Bandeira. In: _____. *Panorama do movimento simbolista brasileiro*. 2. ed. Brasília: Conselho Federal de Cultura/Instituto Nacional do Livro, 1973. v. 2.

PAES, José Paulo. Bandeira tradutor ou o esquizofrênico incompleto. In: _____. *Armazém literário:* ensaios. São Paulo: Companhia das Letras, 2008.

_____. Pulmões feitos coração. In: _____. *Os perigos da poesia e outros ensaios*. Rio de Janeiro: Topbooks, 1997.

PONTIERO, Giovanni. *Manuel Bandeira:* visão geral de sua obra. Tradução de Terezinha Prado Galante. Rio de Janeiro: José Olympio, 1986.

ROSENBAUM, Yudith. *Manuel Bandeira:* uma poesia da ausência. São Paulo: Edusp; Rio de Janeiro: Imago, 1993.

SENNA, Homero. Viagem a Pasárgada. In: _____. *República das letras:* 20 entrevistas com escritores. 2. ed. revista e ampliada. Rio de Janeiro: Gráfica Olímpica, 1968.

SILVA, Alberto da Costa e. Lembranças de um encontro. In: _____. *O pardal na janela*. Rio de Janeiro: Academia Brasileira de Letras, 2002.

SILVA, Beatriz Folly e; LESSA, Maria Eduarda de Almeida Vianna. *Inventário do arquivo Manuel Bandeira*. Rio de Janeiro: Fundação Casa de Rui Barbosa, 1989.

SILVA, Maximiano de Carvalho e. *Homenagem a Manuel Bandeira:* 1986-1988. Niterói: Sociedade Sousa da Silveira; Rio de Janeiro: Monteiro Aranha/Presença, 1989.

SILVEIRA, Joel. Manuel Bandeira, 13 de março de 1966, em Teresópolis: "Venham ver! A vaca está comendo as flores do Rodriguinho. Não vai sobrar uma.

Que beleza!". In: _____. *A milésima segunda noite da avenida Paulista e outras reportagens*. São Paulo: Companhia das Letras, 2003.

VILLAÇA, Antonio Carlos. M. B. In: _____. *Encontros*. Rio de Janeiro/Brasília: Editora Brasília, 1974.

_____. Manuel, Manu. In: _____. *Diário de Faxinal do Céu*. Rio de Janeiro: Lacerda, 1998.

XAVIER, Elódia F. (Org.). *Manuel Bandeira:* 1886-1986. Rio de Janeiro: UFRJ/Antares, 1986.

XAVIER, Jairo José. *Camões e Manuel Bandeira*. Rio de Janeiro: Ministério da Educação e Cultura/ Departamento de Assuntos Culturais, 1973.

Índice de primeiros versos

A casa era por aqui...	99
A luz da tua poesia é triste mas pura.	23
Aceitar o castigo imerecido,	47
As rodas rangem na curva dos trilhos	25
Bão balalão,	67
Beco que cantei num dístico	73
Belo belo belo,	77
Dorme, meu filhinho,	79
E de súbito n'alma incompreendida	71
Escudo vermelho nele uma Bandeira	101
Escuta o gazal que fiz,	83
Espelho, amigo verdadeiro,	41
Estás em tudo que penso,	85
Estou triste estou triste	65
Eu vi uma rosa	95
Frescura das sereias e do orvalho,	43
Mandaste a sombra de um beijo	35
Mha senhor, com'oje dia son,	39
Morrer.	53
Não sou barqueiro de vela,	33
Não te doas do meu silêncio:	49
No dia 5 de dezembro de 1791 Wolfgang Amadeus Mozart entrou no céu, como um artista de circo, fazendo piruetas extraordinárias sobre um mirabolante cavalo branco.	57
Nos teus poemas de cadências bíblicas	69
O córrego é o mesmo,	93

O pardalzinho nasceu	91
O preto no branco,	51
O que não tenho e desejo	81
O rei atirou	89
O vento varria as folhas,	61
Ondas da praia onde vos vi,	37
Ouro branco! Ouro preto! Ouro podre! De cada	21
Parada do Lucas	59
Por um lado te vejo como um seio murcho	31
Quando a morte cerrar meus olhos duros	45
Que silêncio enorme!	87
Quis gravar "Amor"	29
Scorn not the sonnet, disse o inglês. Ouviste	97
Uma, duas, três Marias,	63
Uma mulher queixava-se do silêncio do amante:	27
Vi uma estrela tão alta,	55

Índice

Lira dos cinquent'anos: maturidade e juventude –
Ruy Espinheira Filho   11

Ouro Preto	21
Poema desentranhado de uma prosa de Augusto Frederico Schmidt	23
O martelo	25
O exemplo das rosas	27
Haicai tirado de uma falsa lira de Gonzaga	29
Maçã	31
Desafio	33
Canção	35
Cossante	37
Cantar de amor	39
Versos de Natal	41
Soneto italiano	43
Soneto inglês nº 1	45
Soneto inglês nº 2	47
Pousa a mão na minha testa	49
Água-forte	51
A morte absoluta	53
A estrela	55
Mozart no céu	57
Canção da Parada do Lucas	59
Canção do vento e da minha vida	61
Canção de muitas Marias	63
Dedicatória	65

Rondó do capitão	67
Soneto em louvor de Augusto Frederico Schmidt	69
Soneto plagiado de Augusto Frederico Schmidt	71
Última canção do beco	73
Belo belo	77
Acalanto de John Talbot	79
Testamento	81
Gazal em louvor de Hafiz	83
Ubiquidade	85
Piscina	87
Balada do rei das sereias	89
Pardalzinho	91
Peregrinação	93
Eu vi uma rosa	95
A Alphonsus de Guimaraens Filho	97
Velha chácara	99
Carta de brasão	101
Cronologia	103
Bibliografia básica sobre Manuel Bandeira	109
Índice de primeiros versos	115

GRÁFICA PAYM
Tel. (11) 4392-3344
paym@terra.com.br